꽃은 져도 봄은 그곳에

시산맥 해외기획시선 034

꽃은 져도 봄은 그곳에

시산맥 해외기획시선 034

초판 1쇄 인쇄 | 2024년 2월 15일
초판 1쇄 발행 | 2024년 2월 20일

지은이 김미미
펴낸이 문정영
펴낸곳 시산맥사
등록번호 제300-2013-12호
등록일자 2009년 4월 15일
주소 03131 서울특별시 종로구 율곡로 6길 36. 월드오피스텔 1102호
전화 02-764-8722, 010-8894-8722
전자우편 poemmtss@naver.com
시산맥카페 http://cafe.daum.net/poemmtss

ISBN 979-11-6243-446-8 03810 종이책
ISBN 979-11-6243-447-5 03810 전자책

값 12,000원

* 이 책은 전부 또는 일부 내용을 재사용하려면 반드시 저작권자와 시산맥사의 동의를 받아야 합니다.
* 이 책은 교보문고와 연계하여 전자북으로 발간되었습니다.
* 본문 페이지에서 한 연이 첫 번째 행에서 시작될 때에는 〈 표기를 합니다.
* 저자의 의도에 따라 작품의 보조 동사와 합성 명사는 띄어쓰기가 달라질 수 있습니다.

꽃은 져도 봄은 그곳에

김미미 시집

| 시인의 말 |

　푸른 하늘에서 목화꽃처럼 피어나는 흰 구름이 있지요. 그 흰 구름에만 매료되지 않고 푸른 하늘도 쳐다보고 선입견을 비우고 이미지와 함께 떠오르는 마음을 담아 봅니다. 수필은 마음의 산책이라 생각하며 2010년부터 세 권의 수필집을 냈지만, 막상 시를 쓰려니 표현법부터가 어려웠습니다. 시는 미로의 즐거움을 찾는 독자에게 새로운 길을 열어주는 꼭 필요한 장르가 아닌가 생각했습니다. 나의 삶은 어떤 리듬을 타고 있다고 볼 수 있기에 감정을 압축시켜 짧고 간절한 마음을 표현해 보는 연습을 계속해 왔습니다. 또 누구나 마음을 열어놓으면 시가 들어갈 자리는 있다는 확신이 들어 계속 조금씩 그 영역을 넓혀 가리라 믿고 도전하게 되었습니다. 진실이 담긴 글은 누구에게나 감동과 희망을 줄 것입니다. 자신을 둘러싼 삶의 이해와 양식을 더해줄 것이라고 믿기에, 일일이 만나 나눌 수 없는 이야기를 굵어진

손마디로 흰 공간에 써서 마음을 담아 보는 시간이 감사하고 행복했습니다.

 첫 시집이 나오도록 도와주신 시카고의 배미순 시인과 시 해설을 써주신 김종회 문학평론가님, 그리고 추천글 이승하 시인님께 감사합니다. 마지막으로 매사의 뒷전에서 글을 쓸 수 있도록 격려를 아끼지 않은 남편에게 지면을 통해 사랑과 고마움을 전합니다.

2024. 1. 김미미

■ 차 례

1부 꽃은 져도 봄은 그곳에

당신의 빛	22
난 강물이 되고 싶다	23
녹차 한 잔	24
흰 머리	25
할미꽃 연가	26
푸른 잔디 위에서	27
한 줄기의 빛은	28
싼후안	29
꽃은 져도 봄은 그곳에	30

2부 시카고에 내린 첫눈

아침에 이는 파도	31
시카고에 내린 첫눈	34
베란다에 핀 꽃	35
미지의 세계	36
새 한 마리	37
길 따라	38
기다림	39
안자 보레고	40
똑같은 생각	41
초원의 사막	42
고독	43

3부 파스타치오 콩

할머니가 된 행복감　　　　46
미시간 호수　　　　　　　47
꽃 사랑　　　　　　　　　48
홍시　　　　　　　　　　49
산다는 것은 아름답다　　　50
단 한 번의 삶　　　　　　51
흰 구름처럼　　　　　　　52
매미 우는 소리　　　　　　53
파스타치오 콩　　　　　　54
스치는 사람　　　　　　　55

4부 새처럼 날아 봐요

가을밤	58
친구야	59
지나친 걱정	60
새처럼 날아 봐요	61
아름드리 나무	62
새 아침	63
돛단배	64
마음의 창	65
겸손과 교만	66
옹달샘	67

5부 까만색 튤립꽃

금잔	70
친구의 웃음소리	71
딱 한 사람	72
사계절의 아름다움	73
소라의 귀	74
쟈수아 트리	75
다가오는 그리움	76
까만색 튤립꽃	77
손주를 기다리며	78
물고기	79

6부 뚝배기 속에 담긴 사랑

뚝배기 속에 담긴 사랑　　　　82
꽃은 울고 있다　　　　　　　　83
안개　　　　　　　　　　　　　84
희극 배우　　　　　　　　　　85
자상 낙원 마우이섬　　　　　　86
할머니 손이 그리워　　　　　　87
새 아침이 올 때까지　　　　　　88
별들의 노래　　　　　　　　　89
그녀의 미소　　　　　　　　　90
대나무　　　　　　　　　　　　91

7부 플루메리아꽃

바람은 불어 어디로 가나	94
어느 사이	95
단비	96
선인장	97
나그네의 고향 생각	98
봄의 향기	99
구두 속에 담긴 사랑	100
스치는 바람	101
갇힌 일상	102
플루메리아꽃	103

8부 철부지 엄마

철부지 엄마　　　　　　　　106
어머니를 그리며　　　　　　107
라일락꽃　　　　　　　　　108
저녁노을　　　　　　　　　109
물망초　　　　　　　　　　110
돌쩌귀 소리　　　　　　　　111
붉은 장미가 다시 핀다면　　112
만산홍엽　　　　　　　　　113
자카론다꽃　　　　　　　　114
달님을 향해　　　　　　　　115

해설 | 김종회(문학평론가, 전 경희대 교수)　117

1부

꽃은 져도 봄은 그곳에

당신의 빛

이유도 조건도 없어
나 약해지며 슬퍼질 때
이 모든 것을 아시는 당신

희망과 실망을 반복하며
좌절과 후회와 회한을 안고 사는
이 모든 것을 아시는 당신

하고 싶은 말이 있어요
기적이라며 살아온 나날
살펴 주시는 당신에게 의지합니다

오늘도 내일도 갈대처럼 헤매는 마음
붙들어주고 인도해 주시는
당신을 사랑합니다

난 강물이 되고 싶다

밝아오는 여명 속
희미하게 들리는 소리
선인장이 바람에 비벼 대다
가시가 떨어지는 소리인가

비는 사막에나 쏟아붓고
온통 달구어진 산천초목
아우성치는 소리

아낌없이 퍼부어 주어도
몽땅 삼켜 버린다
얼마를 더 퍼부어 주어야 하나

목마른 심령들을 달래주고
난 강물이 되어 흘러가고 싶다

녹차 한 잔

이리 뒤척 저리 뒤척
쐐기 모양 뒤틀리는
칠흑 같은 밤이 드리운다

숨겨진 나의 애틋한 열정
샘물처럼 솟아
따뜻한 숨길로 스며들면

녹차 한 잔에 담긴 사랑
잔잔한 미소를 보이며
다정하게 다가온다

찻잔에 넘치는
은은한 사랑
가슴속 깊게 보듬어 본다

흰 머리

소금과 후추가 섞인
때론 서리가 내려앉은 모습
그 속엔 보이지 않는
절절한 인내와 사연이
섬세하게 짜여 담겨 있겠지
자연의 섭리인 걸
연륜의 그림자인 걸
볼 때마다 뽑고 또 뽑았다
그대로 두고 볼걸
생각이 어리석고 모자랐다

할미꽃 연가

따스한 햇볕 아래 하얀 면사포 드리우고
노란 술 흔들며 고개 숙이고 있네요

세파 속에서 몸부림치다 삶에 대한 허무감인가
안개 속에서 자리 지키며 고개 숙이고 있나요

미궁으로 숨겨진 첫사랑 이름 못 잊어
허리 굽고 손 떨며 고개마저 떨군 할미꽃 되었나요

푸른 잔디 위에서

바람 타고 스쳐 오는 새들의 울음은
당신이 보내는 그리움인가요
푸른 잔디 위에 선 두 다리가 후들후들
내 발걸음 멈추게 합니다
만날 수도 볼 수도 없는 소리일 뿐이라
미련 없이 바람에 날려 보내지만
실체를 알기 위해 푸른 잔디 위에
오늘도 나는 다시금 서 봅니다

한 줄기의 빛은

시간은 영원하다지만
당신이 떠난 뒤에도 사라지지 않는
그리움에 한 줄기 빛을 바라봅니다

오래 간직했던 마음 모아
고이 접어 푸르른 이야기 담아 봅니다
장작처럼 타는 눈물 가슴속에 묻어두고
한 줄기의 빛을 기다리고 또 기다립니다

싼후안[*]

  50여 년 전, 아이들의 양손을 잡고 카리비안 유람선을 타려고 긴 대열에 서 있었습니다 흰 눈이 펑펑 내리는 크리스마스 날 엘리슨 선창에 서서 흰옷으로 단장한 자유의 여인상을 바라보았습니다 짙은 코발트색 파도를 가로지르며 유람선은 수평선을 향해 서서히 항해했습니다 앞으로 다가올 50년의 생애도 항해합니다 모래 속에 발을 숨기고 바닷물에 발을 적시던 아, 행복했던 그 순간이여!

[*] 싼후안 : 푸에르토리코 문화를 경험하기 위한 최적의 관광명소

꽃은 져도 봄은 그곳에

먼 길 떠나는 언덕
라일락 꽃나무는 그곳에
한 잎 두 잎 날아온 꽃잎
조용히 접어 둔다

애린 눈물은 두 볼을
뜨겁게 적셔 내리고
슬픔은 허공을 날며 손사래를 친다

사랑은 추억을 몰고 와
내 숨을 멈추게 할 것 같다
청순한 라일락꽃은 이내 지지만
봄은 그곳에 영원히 머물러 있다

아침에 이는 파도

호숫가에 밀려오는 파도는
찰랑찰랑 바람 따라 물결 따라 춤춘다
잡아 보려 하면 도망가고
잡았다 싶으면 다시금 찰랑찰랑
가까운 듯 멀리서 나를 유혹한다
파도 위 떠도는 뭉게구름은
만났다 헤어진 수많은 인연인가
사랑과 추억 몰고 오는가 하면 사라지고
또다시 몰려와 추억의 집을 짓게 하네

2부

시카고에 내린 첫눈

시카고에 내린 첫눈

시카고에 첫눈이 내린다
밤새 내린 첫눈이 집 앞 가로수를
포근한 흰 이불로 덮어주고
얼어붙은 호수도 건드려 본다
푹신하게 깔린 흰 카페트 위로
청둥오리 한 쌍이 뒤뚱뒤뚱
흰 눈이 펑펑 내리면
내 마음에도 포근하게
흰 눈이 내려앉는다
내려 쌓인 흰 눈 녹을 줄을 모른다

베란다에 핀 꽃

강인한 새 생명들의 축제
봄꽃들의 향연이 시작되었다
재스민 꽃향이 코끝에 머물면
움츠렸던 마음도 생기를 찾는다
자신을 읽어내고 내면을 볼 수 있는
소중한 시간을 가져 본다
말없이 서로를 챙겨주는
꽃들의 사랑, 꽃들의 웃음이 넘친다
정성 들여 키운 꽃은 더더욱 사랑스럽다

미지의 세계

꽁꽁 얼어붙은 시베리아 광야
3만 5천 피트 상공에서 바라보면
가슴이 뻥 뚫려 감개무량하다

'닥터 지바고'의 바라기노 산처럼
내려다보이는 환상적인 정경은
물밀듯 가깝게 다가오고

갑자기 나타난 전투기는
잔상에 혼란이 어지럽게 밀려와
시각을 마비시킨다

석고같이 굳었던 내 가슴은
엄호 비행이라는 순간
북녘 고향에 대한 사무친 그리움에
눈시울 붉어지고 애정이 샘솟는다

새 한 마리

이른 아침 새 한 마리가 난간에 앉아
날개를 부들부들 떨며 울고 있다
나도 울 수 있는 사연이 있지만 묵은지처럼
항아리 속에 차곡차곡 담아 두고 있단다
빈곤과 가난을 피해 태평양을 건너
천국을 찾아왔었지
그때 뿌린 눈물비가 비옥한 터전을 이루어
폭풍이 지나면 갠 날이 오듯
아름다운 꽃과 열매를 맺었단다

길 따라

갈대 무리가 흐느적대는
오솔길 따라 걷고 있다
에메랄드빛처럼 아름답고 영롱한
풍요로움으로 가득 찼다
초목이 덮인 복잡한 길
그 길을 따라 걸으며
바른길을 선택했나 나에게 묻고 있다

기다림

그리움에 지친 눈물
소용돌이치며
찬비가 되어 내리면
연민과 추억 책갈피 속으로 숨겨
익어가는 괴로움 속에 잠재운다
깊고 길게 골이 진 공백
허전해진 마음으로 토닥이면
용인함으로 사랑은 새롭게 싹튼다

안자 보레고 Anza Borrego

용광로처럼 달아올라
빛과 어둠이 공존하는 사막 한가운데
삶이 불타는 빛으로 작열한다
안자 보레고*의 자연의 신비로운 꽃은
더 화려하고 눈이 부시다
그 달콤한 내음에 빨려들어
그곳에서 시간을 잃었다
귓전에 맴도는 꽃들의 사랑 노래
차마 두고 떠날 수 없어
두 눈에 가득 담고 뒷걸음질만 치고 있다

* 안자 보레고 : 스페인 탐험가(Juan Bautista de Anza)가 큰 뿔 양을 도입해 만든 60만 에이커의 미개발 청정 지역인 캘리포니아 사막 주립공원

똑같은 생각

만났다 헤어졌다
긴 세월 엮어온 삶
마디 마디는 성숙했다

홀로 서 있는 그대로의 당신
홀로 서 있는 그대로의 나
우리는 서로 홀로가 아닌 것을 알았다

당신 뜻대로 내버려 두었으면 좋았을걸 그랬나
내 뜻대로 해야 한다고 내버려 둘걸 그랬나
아무리 해도 우리의 생각은 똑같네요

초원의 사막

깎아내린 붉은 조각산 밑에
강렬한 태양이 쏟아붓고
생명수가 솟아 내리고 있다
오묘하고 황막한 길 따라
해맑은 햇살이 마력에 유출되고
땅엔 푸른 잔디 산엔 흰 눈
겨울과 봄을 접목하려는 듯
신비스런 풍광에 매혹된다
바위는 온통 붉은색으로 물들고
병풍에 둘러싸인 듯
용광로처럼 또다시 달아오른다

고독

자유의 길에서
채워지지 않는 욕망
가슴속으로 파고드는 외로움

위로받지 못하는 마음의 소리 들을 땐
혼자서 남모르는 눈물 흘린다
고독을 벗어나려 방황하게 되면
더 깊은 가슴속까지 파고든다

자유의 길 발견한 고독은
외로움이 짙어 가는 유일한 존재

3부

파스타치오 콩

할머니가 된 행복감

손주의 존재는
감정과 느낌으로 와 안기는
또 하나의 다른 심장이 있습니다

영롱한 눈동자를 내려다보면
눈가를 촉촉하게 만드는 사랑
그 맑은 영혼 속으로 빨려들지요

천사같이 잠든 손주를
품에 꼬옥 안고 있으면
전엔 느끼지 못한 귀한 성취감

고사리 같은 손을 꼭 잡고
건강하게 잘 자라 주기를 소원하며
할머니가 된 행복감에 뿌듯해집니다

미시간 호수

석양은 물빛에 사물사물
아름다운 주황색 그려지는
빛 너머의 빛을 봅니다

어둠이 깃드는 여름밤
별빛은 하늘에 수를 놓고
울어대던 벌레 소리 슬며시 사라지면

훈훈한 바람 타고
여름밤의 여명은 곁에 머물고
파도는 물비린내를 몰고 옵니다

싸늘하게 식어가는 모래 위에 앉아
어둠 속으로 사라지는 석양을 바라보며
상념에 젖어 들어 돌아갈 집을 생각합니다

꽃 사랑

암흑 속에서 인내하다
한 모금의 생수를 기다리며
"나 이제 세상에 왔다"고 알린다

눈부시게 핀 화려한 야생화
짧은 여정이 아쉽지만
눈에 가득 담고 손사래를 친다

아름다운 절경에 끌려
사막의 봄을 만끽하며
황홀경에 빠졌던 꽃 사랑

홍시

아련하게 멀어진 옛집
앞뜰에 오래된 감나무
꿈으로 그려 본다

앙상한 가지마다
대롱대롱 매달린 홍시
석양 노을보다 더 아름답다

이른 아침 날아드는 새 떼들이
홍시를 쪼기 전에 만나러 가고 싶다
옛집 앞뜰에 오래된 감나무
한 폭의 그림으로 채색해 두고 싶다

산다는 것은 아름답다

옆에 있는 데도 보고 싶고
떨어지면 더 보고 싶다
가까이 있는 데도 멀어진 듯
옆에 있어 주기를 보챈다

천둥 치고 비바람이 퍼붓고
회오리바람이 몰아쳐도
아름다운 쌍무지개 다리를 놓고
등 뒤에서 밀어주기를 바란다

섬세하게 짜인 삶의 무게가
안에서 성숙하게 익어가는 모습
하루라도 더 깊게 간직하기 위해서

단 한 번의 삶

단정하고 진솔하게
긍정적이고 우아한 모습으로
거울 앞에 서 본다

살아온 때 묻은 흔적
구차한 변명 없이
사랑한다고 보듬어 본다

세월의 향연은 활짝 피지만
내일도 멀다 하면
내년 봄은 더 멀겠지

자식들이 살아갈 새 세상은
참하고 아름다운 모습으로
새로운 천지가 되길 바라보며
거울 앞에 다시 서 본다

흰 구름처럼

흰 구름은
로키산맥 협곡 사이로
갇힌 듯 맴돌고 있어요

흰 구름은
작은 물방울로 변하여
메마른 영혼들의 가슴을 적시네요

흰 구름은
미련 없이 푸른 하늘 속으로
슬그머니 사라지고 마나요

흰 구름처럼 대자연을 떠다니는
순수한 영혼들과 끝내 만날 수 있을까요
사라짐 없이 갇힌 듯 맴도는…

매미 우는 소리

매미 우는 소리가
고향 하늘로 날아간다
매미 우는 소리는 국경이 없나 봐
폭양에 지쳐서인가
생이 곧 끝나서인가
절규의 애타는 울음인가
안타깝게도 울어댄다
이슬로 목이나 축여가며
울었으면 오죽이나 좋을까

파스타치오 콩

연두색 눈알을 굴리며
입을 방긋 열더니
세상에 나오는 두려움 때문인지
머뭇머뭇한다

처음 맛보는 환상적인 콩 맛에
가난했던 유학생은 허겁지겁 집어 먹었다

눈여겨보던 주인마님
비싼 콩이지만 천천히 먹으란다
입을 연 콩만 봐도 이제는
껍질 속에서 마님이 튀어나올 것 같다

스치는 사람

우연하게 마주 보게 된 사람
오래된 옛 친구인가
친근한 미소를 보낸다

눈빛이 마주치는 순간
스친 적도 본 적도 없는데
세상이 잠깐 멈추는 것 같다

가깝게 다가오는 눈빛
따스한 직감으로 끌림을 느낀다
시공간 초월해 얼굴을 묻어가며
알고 싶은 호기심은 무엇인가

4부

새처럼 날아 봐요

가을밤

눈물처럼 슬퍼지는 계절
귀뚜라미 우는 밤
누군가 찾아올 것만 같은 밤

가슴이 훈훈한 열기로 채워지면
지혜와 생각도 모인다
사연이 잔뜩 담긴 편지를 쓸까

낙엽이 떨어지는 소리
추억 속에 담긴 사연
영원히 보낼 수 없는 편지도 있다

가을밤은 깊어 가고
애처롭게도 내 마음 되어 우는 벌레 소리
오늘 밤은 잠자리에 들기도 힘들어요

친구야

멀어져만 가니 잡을 수 없는 너
두 팔을 늘려 손잡아 보고 싶다

마주 보고 쳐다보고 싶어서
발돋움해도 볼 수가 없네

끈끈한 정은 곁에서 사라지지 않고
뜨거운 사랑으로 다시 맴돈다

그리움에 젖은 눈빛
어느새 거칠어진 손마디로
우리들의 사랑 전하고 있네

지나친 걱정

어린 시절엔 어른이 되고 싶었지
어른이 된 지금 다시 돌아가고 싶다
일어나지도 않은 미래의 염려로 하여
오늘의 귀한 시간을 놓쳐 버렸어
닥치지도 않은 무미건조한 걱정들
알아차린 그 순간에 시간은
흔적도 남기지 않고 사라져버렸다

새처럼 날아 봐요

스쳐 지나가 버린 세월일랑
말하지 말자고 다짐하면서
꿈꾸지 말자며 또 꿈꾼다

누군가를 사랑했다
누군가를 미워했다
혀 속에 묻어버린 진실

마음 깊게 줄지어 놓고
아무도 힘들게 하지 않는데
자신에 얽매여 스스로를 괴롭힌다

가슴속 깊이 멍들어가면
뒤돌아보지 않는 새처럼
날개 펴고 앞만 보며 날아 봐요

아름드리 나무

홀로 서 있는 나무
넌 홀로가 아니야
뿌리는 뻗어 이웃과 정 나누고
푸른 잎 흔들며 그리움 전하지

두 팔로 껴안으면
반겨주는 숨 가쁜 소리
등을 대고 비벼주면
햇빛에 덮인 온기를 나눠주지

푸른 하늘에 떠 있는 흰 구름
내 머리에 덮어주고
엄마의 손길같이 스치는 바람에
새들은 푸른 사랑 노래 불러 주잖아

새 아침

스쳐 가는 바람 한 점에도
나의 하루가 무료해져
죽음도 아닌데 문득
두려움으로 다가온다
노여움과 아쉬움도 내려놓고
묵은 달력만 애써 넘겨 본디
세월의 흐름에 인내하며
티 없이 말없이 살아라 한다
오늘은 어제를 연결하는
내일의 고리일 뿐
열망을 부풀려
새 아침의 고운 꿈 담아 봐야지

돛단배

깊게 고인 눈물
볼이 시리도록
소나기처럼 퍼붓는다

그대 아픔 멈출 수 없지만
누구에게도 의지하지 말고
그대 쓰라림 멈출 수 없지만
슬픔의 소유자가 되지 말자

눈물 속 애타는 영혼
돛단배에 실어 강물에 띄우면
강풍을 만나도 변치 않고
그곳에 그대로 머물고 있겠지

마음의 창

계절을 견딘 나뭇잎들이
갈색 옷으로 갈아입고
그립고 그리웠던 한을 풀어 날리네요
끝내 가질 수 없어 낮게만 흐르는
지평선 같은 삶이 있지요

파도를 삼킬 수도 있고
바위를 부술 수도 있지만
단 하나뿐인 연약한 그 길
마음의 창으로 자유롭게 드나드는
그 길 위에서 행복하세요

겸손과 교만

그 사람이 그때
시기 질투하는 모습이 싫었다

그 사람이 그때
진실을 외면하는 것이 싫었다

그때는 이해 못 하고 생각이 모자랐지
지금은 알 것 같지만 그는 이미
먼 나라로 떠나 버렸네

교만은 그때 당장 고백한다면
당신은 겸손한 사람임에 틀림없어

옹달샘

연분홍 댕기를 찰랑찰랑
봄향기에 취해
냉이를 씻던 꽃다운 아가씨

수줍어 얼굴도 못 들며
댕기 당겨 입에다 물고
별빛 바라보며 지새우던 밤

사랑과 인내로
내 두 손 꼭 잡아준
천생연분이 여기 있구나

함께 갈 수 없는 길에도
언제나 날 잊지 말고
옹달샘 가에서 기다려 주오

5부

까만색 튤립꽃

금잔

메마른 사막 언덕에 핀
애리애리한 파피꽃
황금빛으로 수를 놓았네
따뜻한 한숨 몰아쉬며
바위 사이 모래를 뚫고 핀
강인한 생명력에 눈이 부시다
변덕스런 사막바람이 불면
머리를 맞대고 이리저리 쏠리며
금잔을 들고 누구를 기나리나?

친구의 웃음소리

허탈한 친구의 웃음
강인하면서도 연약한 그 웃음소리
낡아가는 인생의 끝자락에서
주마등처럼 스치는 추억뿐

전쟁터의 패잔병처럼
두려움과 아픔에 울고 있지요
살아 숨 쉬는 푸른 잎들이 흔들리는
이 아름다운 공간에 머물고 싶지요

여기가 육신의 천국이 아닌가요
무선과 유선으로 오는
친구의 웃음소리
애타게 기다려 봅니다

딱 한 사람

있는 그대로의 당신
그대로의 나, 우리가 동시대에
존재한다는 것이 축복이다

당신이 누구냐고 물어 온다면
신기하게 맺히는 물방울
우린 두 개의 물방울로 맺혔다

당신과 똑같은 사람
딱 한 사람 더 있다
세상에 신기한 일도 다 있네

사계절의 아름다움

광활한 대지는
바둑판무늬로 누비고
잿빛 하늘은 오늘따라 차갑다
긴 눈 사이로 지는 노을
시간 호수의 바람을 밀고
버린 내음을 몰고 온다
사계절의 아름다움 안고
머무를 듯 머무를 듯하더니
미련 없이 날아가 버리고 만다

소라의 귀

고요한 밤이 찾아오면
조약돌 흐르는 소리
바다가 울부짖는 소리
알 수 없는 굉음이 섞여
귓전을 맴돈다

마음의 아픔과 꿈
기억 속에서 맴돌면
사랑스럽고 달콤한 추억은
끝없는 울림 속으로 빠져든다

시련과 육신의 아픔
내던져 버리고 싶었는데
받으려는 마음보다
부족함이 많았나 보다

쟈수아 트리

서부 영화의 주인공처럼
넓은 사막 석돌 사이에 우뚝 섰다
매정한 바람 불 때
모래알 속에 숨겨진 그것들의
신비한 소리
불타는 진풍경 속
가슴 에이는 사연 안고
적막한 어둠이 깃든다
캄캄한 밤이 오면 새 생명체들
가슴에 품어 주고 또다시 바다를 꿈꾼다

다가오는 그리움

당신을 향해
목침 위에 발돋움하고
기린처럼 서 있어요

가슴속 깊이 파고드는 사랑
내 목이 얼마나 더 길어져야
당신을 볼 수 있나요

목을 한껏 더 늘려 보지만
그리움에 애타는 가슴
한낱 꿈으로 사라지고 말더이다

까만색 튤립꽃

이른 봄소식의 전령사인 까만색 튤립꽃
양파 모양의 뿌리가 내리기를
어둠 속에서 갈증을 참으며 기다렸다

내 심장을 섬찟하게 만드는 너는
올해도 까만색 빛나는 꽃을 피워
이른 봄소식 전해 주겠지

갇힌 새들도 연초록 목걸이 내어 걸고
봄노래 부르며 기지개를 켜고
먼 산에 아지랑이 일면
까만색 꽃으로 피어 날 놀라게 하겠지

손주를 기다리며

소리 하나씩 보듬어 안고 내리는 비
창가에 기대 서서 기다려 봅니다
새끼를 몰고 다니는 오리 한 쌍에도
손주를 기다리는 마음은 더 설렙니다
할머니를 부르며 졸랑졸랑 뛰어들려나
노래를 부르며 춤추는 모습 허공에 그리면
그 재롱에 푹 빠져 두 손을 멈출 수가 없어요

물고기

해초 사이를 헤치며
바닷속을 유유히 헤엄치는 물고기
빙빙 날던 갈매기들도 얕게 떠서
눈독을 들인다

내 모습도 물속에 있는데
힘들게 되뇌지 말아라

아직은 의미가 없지만
쓸데없는 물고기는 아닐 거야
어느 날 때가 되면 알게 되겠지

6부

뚝배기 속에 담긴 사랑

뚝배기 속에 담긴 사랑

쪽 찐 머리에 금비녀를 꽂고
태평양 바다를 건너오신
화사한 이조시대 시모님

거울에 비친 짧은 머리에
양장으로 바뀐 단아한 모습
여성미에 깜짝 놀라 미소 짓는다

눈시울 붉히며 흘려보낸
세월의 아쉬움 삭여내며
터질 듯 말 듯 다시 찾은 행복한 시간

뚜껑이 덜컹대며 풍기는
뚝배기 속 구수한 밥 짓는 내음에
사랑과 그리움이 한꺼번에 밀려온다

꽃은 울고 있다

울고 있는 꽃을 본 적 있나요
약속한 듯 찾아와 꽃동산 만들고
시기 질투 없이 보듬어 안으며
햇빛 아래 속삭이며 재잘대던 너

매정한 비바람이 몰아치면
멍든 아픔과 상처만 남기고
품고 있던 향기마저 폐허로 몰고 간다

볼품없는 초라한 슬픔
순응도 반항도 못 한 채
파란 눈 굴리며 새 사랑을 꿈꾸지

상처 없이 자라는 것이 있을까
폐허 속에서도 새싹은
다시 돋는 게 우주의 섭리인 걸
슬퍼 말고 계속 피어만 다오

안개

밤새도록 흘러내린 눈물
아침 이슬방울처럼 고여
푸른 잎 위에 내려앉았다
지나간 것은 다 소중하다며
눈물 끝에 담아둔 사랑
안개 속으로 말없이 사라진다 해도
당신은 내 목숨보다 중하다고
절망의 심연에서 떠날 때는
마지막 한마디 진심은 보여 주겠지

희극 배우

초라한 모습이라도
사람들은 나를 보면 푹 빠져
마음 놓고 웃고 말지

어려운 일상에서 벗어나
허리를 잡고 큰 소리로 웃고
울고 웃다 드디어 울어버리고 말지

그들은 내가 웃고 울리는 재주꾼인 줄 알지만
나는 이 세상에서 가장 외로운 사람
웃겨주는 사람도 없어 아무도 날 몰라요
오늘도 나는 외로워 홀로 울고 있어요

자상 낙원 마우이섬

푸른 태평양 한쪽 마우이섬
수천수만 년 밀리고 깎인
백사장에 발을 적신다

자연이 만든 고결한 비경
폭포소리 새소리에 심취되어
탄성이 절로 나온다

파인애플밭은 눈이 모자라고
무역풍 스치는 사탕수수 잎 소리에
두 귀를 쫑긋 담아 본다

곱게 물든 석양을 바라보며
파도 소리에 취하는 저물녘
그이의 손을 꼭 잡아 본다

할머니 손이 그리워

잔잔한 호수 위
영롱한 별빛과 달빛에 끌려
발코니 문을 엽니다

미풍이 불어와
내 몸을 부드럽게 감싸주면
사물사물 추억이 뒤따라옵니다

눈시울이 젖어오는 당신의 사랑
평상 위에 누워 쑥향을 맡을 때
등을 긁어 주시며 들려주시던
옛이야기가 그리워지는 밤입니다

새 아침이 올 때까지

불꽃처럼 눈부시게
호수 위로 치솟는 아침 햇살은
빈 둥우리에 안겨주는 희망입니다

뙤약볕 아래 달구어진 모래는
잔잔한 파도가 달래주고
모래 위 새겨진 숱한 발자국은
거센 파도가 몰고 사라지지만

지평선 물들고 둥근 달이 뜨면
덜덜 떨고 있는 내가 보입니다
불꽃처럼 눈부신 새 아침이 올 때까지
얼마나 더 기다려야 할까요

별들의 노래

화려한 베르사이유 궁전
그 정원에 핀 아름다운 꽃과
지저귀는 새들의 노랫소리

무주 궁궐 그곳에 산다 해도
마음 비우고 모든 걸 내려놓으면
스쳐 오는 꽃향은 모두
내 품에 와 안기지요

대나무 젓가락으로 집어 먹는 소찬이
칼로 자르고 포크로 찍어 먹는
음식보다 더 맛있고 귀한 지금

하늘에서 빛나는 별은
반짝이는 다이아몬드보다
경이로운 오늘의 희망을 안겨 주네요

그녀의 미소

사랑과 신뢰가 흐르는
그녀의 부드러운 미소는
수많은 아픔과 노여움 감추고
말할 듯 말 듯 마음을 비우는 미소
피부 속에 살며시 잠재우며
마침내 겸손하게 드러내는
주옥같이 아름다운 그녀의 미소

대나무

하늘을 우러러
일찍 마음을 비우는 법을 배우려고
곧게 곧게 자라는 대나무

몸통은 고리로 연결되고
텅 빈 통 속에서는 퉁소의 은은한 음이
쉬지 않고 흘러나온다

죽관에서 서를 통해
가냘프게 흘러나오는 피리소리
내 작은 심장을 애절하게 울린다

7부

플루메리아꽃

바람은 불어 어디로 가나

긴 여정의 슬픔
꿈속으로 다가온다
그림 없는 공간의 낯선 벽 같은
삶의 허무함

소유의 욕망으로
여백에 운치를 그려
가슴에 품어 보지만
난 아무것도 소유할 수 없다네

등을 돌린 채 머리를 숙였다 찾아오는
슬픔도 내 것이 아니라 하네
눈물도 없이 낡은 틀에서 벗어나
뻥 뚫린 하늘 바라보며
바람이 불고 간 곳만 바라보았네

어느 사이

졸고 있는 눈빛처럼 시들던
잎새는 연못으로 떨어져
황금빛으로 덮여 있다

보이지 않는 긴 여정
지친 삶의 원동력을
황금빛으로 덮어 가고 싶다

아름다운 연꽃이
나를 살갑게 대하지 않아도
난 너의 곁에 머물러
시간을 멈추게 하고 싶다

단비

엄마의 손길처럼 소리를 보듬어 안고
보슬보슬 내리는 단비
메마른 심령들의 가슴을 적셔 준다
움츠렸던 내 마음에 축축하게 단비가 내리면
한 쌍의 나비가 날아와
살아있음이 축복이라 되뇌어 준다
쌓였던 앙금과 혼탁함도
말끔하게 흘려보내고
허무하게 스치는 세월에
평온과 새 희망을 안겨 주겠지

선인장

온 몸통을 가시로 덮고
달아오르는 사막에서
강인한 모습으로 서 있는 너

몸통에 흐르는 신비한 액
끈끈하게 줄기 따라 흐르면
맑은 젤로 가득 차오른다

진액이 점지해준 대로
뼈마디 마디마다 핀 꽃
오묘한 그 아름다움이여

텅 빈 통속으로 어둠이 깃들면
외롭게 찾아드는 올빼미들의
안식처가 되려나

나그네의 고향 생각

황혼이 지는 적막한 밤
가깝고도 먼 그곳
바다 건너 다가오는 산천

작은 렌즈 속에 담긴 추억
밟아 볼 수 없는 땅
아득하기만 한 그곳

어둠 속 사라지는 북녘 빛 따라
가고프지만 갈 수 없는 나그네 되어
그리움에 눈시울만 적시고 있네

기다리다 지친 한 많은 사연
장엄한 사랑의 메신저 되어
그곳을 배회하고 계시겠지요

봄의 향기

봄바람 타고
산과 계곡 노랗게 물들이더니
애리애리하게 핀 파피꽃

한 폭의 그림 속으로
나비들 날아와 춘란에 빠져
사랑을 속삭이네요
삶의 번거로움 속
풍기는 봄향기 맡노라면
나에게도 멋진 일들이 찾아오고 말겠지요

구두 속에 담긴 사랑

신발장에 나란히 놓인 구두
젊은 감각이 물씬거리네
시집간 딸이 그리움으로 다가오면
눈시울이 시큰시큰

정다운 느낌에 골라 신고 나서면
딸의 종종걸음 소리
어느새 내 걸음도 상큼상큼
딸과 함께 걸어가고 있어요

스치는 바람

까마득하게 쌓아 온
세월의 향
보이지 않는 바람이 몰고 온다

또렷했던 기억
소중하고 잔잔한 색깔
겹겹이 생생하게 몰고 온다
부스럭대던 가랑잎
어설픈 작별 인사를 하며
슬며시 바람 타고 사라진다

마음에 담아 두었던 소망
눈부신 인내로 끝내 남아
오늘에 머물게 하고 싶다

갇힌 일상

시려 오는 기막힌 사연
초연한 모습으로 지켜보며
가슴에 맺힌 아픔은
애타는 눈물로 머무르고 있다

진주 같은 눈물 흘리며
굽어진 손을 흔드는 사랑
시간은 그곳에 머물지 않고
아련하게 저물어 간다

흘려보낼 수 없는 상처
답답하고 우울한 마음
낙타의 눈물로 흐르며
순한 양처럼 서 있구나

플루메리아꽃*

굽어지고 휘어진 나무에
청초하게 핀 하얀 꽃송이
고혹한 예술품 같은 너는 '러브 하와이'

비 오거나 바람 불면
따지도 못하고 하산해야 하지만
바다 바람 타고 날아와 풍기는
산뜻한 향기는 누구에게나
아로마처럼 스며들어요

하얀 꽃송이 송이 송이로
꽃목걸이 만들어
사랑하는 그대 목에 걸어 주고
두툼한 녹색 잎으로 조각배 만들어
그대 싣고 멀리멀리 떠나 고만 싶어요

---

* 플루메리아꽃 : 하와이 원주민인 카나카 사람들이 의례 때마다 사용하는 꽃으로 '러브 하와이'라 불린다 꽃말은 '당신을 만난 것은 행운입니다'이며, 비가 오거나 바람이 불면 신이 잎을 따는 것을 불허해 모두 해산해야 한다고 함

8부

철부지 엄마

철부지 엄마

유학의 꿈에 젖어 모르는 곳을 향해
잿빛 구름을 뚫고 날고 있었다
상상만 해도 두려운 그 땅
태평양 바다 위엔 파도가 일고
아기의 울음소리는 멀어져만 갔다

널 생각하며 밤새 흘린 눈물은
베갯잇에 얼룩진 무늬를 남기고
애타는 아픔으로 몸부림치다 보면
밤낮없이 자지러질 것만 같은 날들
아가야, 철부지 엄마를 용서해 주렴
꿈에서라도 울지 않는 네 엄마가 되고 싶다

어머니를 그리며

무엇으로도 메꿀 수 없는
어머니 이마에 깊게 팬 골
생의 허무함이 아픔이 되었나요

무료함과 외로움 달래시며
고독함을 걸러 내시던 엄마
문을 향해 고개를 돌리시며
누구를 그토록 기다리셨나요

마른 날 진 날 없이
자식을 챙겨주시던
불가항력의 엄마 사랑
그리움에 가슴이 저며 옵니다

라일락꽃

슬픔은 떠날 줄 모르고
바람 타고 서성이며
창문을 두드린다

청순한 꽃향기는 날아와
가슴속 깊게 머물며
나를 감싸 주네요

꽃가지로 부케를 만들어
켜켜이 쌓인 사연을
차곡차곡 넣어 보냈지요

정원에 핀 라일락꽃은
지금은 다 지고 없어요
또다시 핀다고 해도
우리에게 무슨 의미가 있나요

저녁노을

황혼이 고운 빛으로
소리 없이 회한을 몰고 오면
당신의 눈에서 내 모습을 보지요
하루치의 삶이 켜켜이 익어가
성숙함에 다다르는 저녁 무렵
자연의 고즈넉한 숲속을 찾아
가라앉은 맘 달래 보며
새소리와 시냇물 소리에 젖어 봅니다
바람처럼 스쳐 가는 황혼길
가을 낙엽처럼 물들어 가면
지는 저녁노을은 더없이 아름답네요

물망초

안개 속에 핀 물망초
은은한 향기 날리며
눈물 끝에 맺혀 있다
아직도 하루는 환해
순결한 흰 꽃송이는
거미줄 위로 이리저리 엉켜 있다
당신의 기억이 흐려졌나
나의 꽃향을 잊었나 봐
아직도 사랑의 꽃향 내뿜고 있는데

돌쩌귀 소리

어려서 기어 다니던
뼈마디 마디에 멍든 자국
쏟아붓는 빗속에서도 보인다

공허하게 뚫린 모양은
돌고 또 돌았나
벌집 같기도 연근 뿌리 같기도 해

문짝 사이에서 나는
돌쩌귀 삐걱대는 소리
시간을 잃고 지구를 돌았나 보다

재생 불능의 존재인 것을
세월의 흐름은
이제야 알아차렸나 보다

붉은 장미가 다시 핀다면

붉은 장미가 다시 핀다면
기다리지 않아도
세월 속에 묻혀버린 사랑
나비같이 날아들겠지요

붉은 장미꽃 쳐다보고 있으면
재빨리 꺾어 옆에 놓고
그 짙은 향에 취하고 싶어

요염한 자태의 붉은 장미꽃
사랑의 욕망을 태우고 싶어
애타게 누군가를 기다리고 있구나

만산홍엽

나뭇잎은 만산홍엽이 되고
낙조의 슬픔 가슴에 저미며
찬란한 불꽃처럼 풀어져 날린다

오솔길마다 부석대며 애타는 소리
옛사랑을 두고 떠나는
공허한 세월에 두 손을 내민다

번거로움 떨치고
떠나야 하는 길이 있지
머물게 하고 싶은 가을의 향
푸른 눈 굴리며 다시 오려나

자카론다꽃

오월이 오면
아프리카 벚꽃 자카란다가
보라색 초롱불을 밝혀주는
가로수를 따라 걸어가며 가슴이 설레인다
황홀하게 핀 능소화 꽃송이는
순간순간 가슴 아리는 눈물이 되어
눈이 부시게 땅에 떨어지고
보랏빛 꽃길 따라 꽃송이 주어
꽃바구니에 담고 미모시 폴리아
송이송이 소망을 들어 봐야지

달님을 향해

줄도 없이 매달린 둥근 달님
환한 그 품속에서
고향을 그려 봅니다
어쩌면 그렇게
순수하고 부드럽게 보이나요
내 마음도 달님처럼 환해집니다
둥근 달을 쳐다보면 모두가 닮아가는 모습
둥글게 둥글게 굴리며 살았으면 좋겠습니다
풍성한 한가위 뜻깊은 추석이 되기를
이국의 한 모퉁이에서
내 마음도 둥글게 굴려봅니다

■□ 해설

인생세간과 통어(通語)하는 관조의 노래
― 김미미 시집 『꽃은 져도 봄은 그곳에』

김종회(문학평론가, 전 경희대 교수)

1. 시인과의 새롭고 감동적인 만남

김미미 시집을 원고 상태로 읽는 일이 새롭고 감동적이다. 일찍이 이 분이 칠순을 넘겨 에세이집을 낼 때 추천의 글을 쓴 적이 있는 필자로서는, 다시 세월이 훌쩍 지나 책 한 권을 이룬 시의 부피를 만나니 감회가 깊지 않을 수 없다. 시인은 1960년대 중반에 서울대 국어교육과를 졸업하고 서울 무학여고 교사로 있다가, 1968년 미국 유학을 떠났다. 그리고 미국에서 산 세월이 반세기를 상회하니, 모국어의 땅에서 산 기간보다 이중 문화와

이중 언어의 환경에서 보낸 기간이 훨씬 더 길다. 시인은 그동안 여러 교민사회의 활동과 더불어 이름있는 상들의 수상자였으며, 3권의 수필집을 상재하기도 했다. 영일이 없이 성실하게 살아온 인생 여정이었다.

필자가 기억하는 김미미의 수필은 곧 "그 삶의 행적이요 자아 성찰이며 노년기를 관조하는 효율적인 이정표"였다. 그의 삶이 미국 주류사회에서 인정받는 지위를 확보했다는 사실은, 단순히 한 개인의 성공에 그치는 것이 아니라 한국계 미국인의 역량과 성취가 괄목할 만한 실적을 축적했다는 증좌가 된다. 그 중간에 바깥분의 사업 때문에 한국으로 되돌아와서 15년을 살다가 다시 태평양을 건너갔으며, 바람의 도시 시카고에 오래 거주하다가 지금은 서부의 대도시 LA로 이사했다고 들었다. 지난날 에세이집의 해설에서 필자는 "동전에 앞뒷면이 있듯이 김미미 씨의 생애가 결코 하늘 높고 쾌청한 날씨만으로 일관할 수는 없었을 것"이라고 썼다. 물론 필자가 그 삶의 내면을 잘 알 수는 없다. 그러나 만년에 내는 이 시집에는 그와 관련된 우여곡절이 여러 모양으로 담겨있을 터이다.

2. '나'와 '당신'의 자리를 채운 생각들

이 시집의 1부에는 모두 10편의 시가 실려있고, 그렇게 8부까지 10편씩으로 구성했으니 정확하게 80편의 시가 수록된 셈이다. 1부의 시들은 '나'와 '당신'을 호명하며 시작하는데, 이때의 당신은 굳이 시가 갖는 특성으로서의 중의법적 표현을 뒤따라가지 않는다 하더라도 여러 중층적 의미를 포괄한다. 당신은 가장 가까이 있던 배우자일 수도 있고, 자아가 응대하는 특정한 타자일 수도 있으며, 그 외연을 확대하고 보면 종교적 절대자일 수도 있다. 이러한 의미의 확산이 그야말로 시의 묘미다. 1부의 시들은 대체로 이렇게 자아와 세계의 관계를 상호 응대의 방식으로 설정하고, 그 사이를 채우고 있는 하고 많은 생각들을 시의 형용으로 발화한다.

숨겨진 나의 애틋한 열정
샘물처럼 솟아
따뜻한 숨길로 스며들면
녹차 한 잔에 담긴 사랑
잔잔한 미소를 보이며

다정하게 다가온다

　　　　　　　　　　－「녹차 한 잔」 부분

먼 길 떠나는 언덕

라일락 꽃나무는 그곳에

꽃잎은 한 잎 두 잎 날려

조용히 접어 둔다

애린 눈물은 두 볼을

뜨겁게 적셔 내리고

슬픔은 허공을 날며 손사래를 친다

사랑은 추억을 몰고 와

내 숨을 멈추게 할 것 같다

청순한 라일락꽃은 지고

봄은 그곳에 영원히 머물러 있다

　　　　　　　　－「꽃은 져도 봄은 그곳에」 전문

　두 시 모두 인생의 회억(回憶)과 그에 대한 절절한 감상을 담았다. 오래도록 숨기고 살아온 '애틋한 열정'이 '나'에게 현현(顯現)하면, 녹차 한 잔이 그 오랜 세월을 감당하는 힘이 된다. 그 잔에 '사랑'이 담겨있다는 것은, 시인의 생각이 모진 풍파를 넘어 따뜻하고 온정적인 관조의 세계에 진입했음을 말한다. 그런가 하면 '먼 길 떠나는 언덕'의 라일락 꽃나무는, 꽃잎은 날려 사라지지만 나무는 그 자리에 남아 '봄은 그곳에 영원히 머물러' 있음을 언표(言表)한다. 나무와 봄이 그 자리에 그대로 남아 있다는 시인의 인식은, 우리 삶의 가장 본질적인 것이 언제나 그 근본의 자리를 지키고 있다는 노년의 깨달음을 대변하는 언사이기도 하다.

3. 계절의 풍경과 세상의 아름다움

2부와 3부에 수록된 20편의 시들은, 주로 계절의 풍경과 끈기 있는 생명력 그리고 이를 통해 감각 할 수 있는 세상의 아름다움을 노래한다. 이 모든 풍광과 사물을 바라보는 시인의 눈은 유현(幽玄)하면서도 풍요롭다. 거기 세월의 경과가 있고 인생사의 경륜이 있다. 시인이 만나는 베란다의 봄꽃은 '강인한 새 생명들의 축제'다. 이른 아침에 만나는 새 한 마리는 '눈물비가 비옥한 터전을 이루어' 가는, 그 인내의 날에 대한 당부의 상대역이 된다. 아련하게 멀어진 옛집의 홍시가 '한 폭의 그림'으로 다가오면, 산다는 것이 문득 아름다워진다. 그래서 '단 한 번의 삶'을 단정하고 진솔하게, 긍정적이고 우아한 모습으로 그려보려 한다.

    시카고에 첫눈이 내린다
    밤새 내린 첫눈이 집 앞 가로수를
    포근한 흰 이불로 덮어주고
    얼어붙은 호수도 건드려 본다
    푹신하게 깔린 흰 카페트 위로
    천둥오리 한 쌍이 뒤뚱뒤뚱
    흰 눈이 펑펑 내리면
    내 마음에도 포근하게
    흰 눈이 내려앉는다
                   - 「시카고에 내린 첫눈」 전문

    석양은 물빛에 사물사물
    아름다운 주황색 그려지는
    빛 너머의 빛을 봅니다
    어둠이 깃드는 여름밤

> 별빛은 하늘에 수를 놓고
>
> 울어대던 벌레 소리 슬며시 사라지면
>
> 훈훈한 바람 타고
>
> 여름밤의 여명은 곁에 머물고
>
> 파도는 물비린내를 몰고 옵니다
>
> 싸늘하게 식어가는 모래 위에 앉아
>
> 어둠 속으로 사라지는 석양을 바라보며
>
> 상념에 젖어 들어 돌아갈 집을 생각합니다
>
> — 「미시간 호수」 전문

두 시 모두 시인이 오래 살던 시카고의 아름다운 자연을 그려 보인다. 「시카고에 내린 첫눈」은 겨울을, 「미시간 호수」는 해질녘의 모습을 시의 문면(文面)에 담았다. 시인은 첫눈을 '푹신하게 깔린 흰 카페트'라고 여긴다. 그러기에 도회와 호수에 내리는 눈이 '내 마음'에도 포근하게 내린다고 고백한다. 편안하고 순후한 감정의 흐름으로, '나' 자신을 자연과의 동화(同和)에 내놓았다. 미시간 호수는 이를테면 시카고의 상징적인 경관에 해당한다. 그 호수에 '아름다운 주황색'의 황혼이 내리면, 시인은 그렇게 어둠 속으로 사라지는 석양을 바라보며 자신이 '돌아갈 집'의 상념에 잠긴다. 이때의 '집'은 지금의 육신을 누일 곳이면서, 동시에 삶의 끝자락에서 만날 '영원한 미래의 거처'에 대한 표상이기도 할 것이다.

4. 친숙한 경물과 인간애의 관계성

4부와 5부의 시들은 여전히 시인 주변의 친숙한 경물들을 그 소재로 소환하면서, 거기에 결부된 결곡한 인간애와 이 모든 절목들이 함께 형성하고 있는 다층적 관계성에의 검토를 수행한다. 그러기에 시인의 가을밤은 '누군가 찾아올 것만 같은 밤'이며 그 와중에 '영원히 보낼 수 없는 편지'도 있다. 그러기에 홀로 서 있는 아름드리 나무에게 '넌 홀로가 아니야'라고 따뜻한 대화를 건넨다. 시인은 메마른 사막에 핀 애리애리한 파피꽃의 '강인한 생명력'에 눈부셔한다. 있는 그대로의 '당신'을 마주하여 '우린 두 개의 물방울'로 맺혔으니 똑같은 사람이 딱 한 사람 더 있다고 강변하기도 한다. 늘 목도하는 사물들 속에서 이처럼 삶의 숨은 이치를

발굴하는 시인의 눈은 맑고 밝고 지혜롭다.

누군가를 사랑했다
누군가를 미워했다
혀 속에 묻어버린 진실
마음 깊게 줄지어 놓고
아무도 힘들게 하지 않는데
자신에 얽매여 스스로를 괴롭힌다
가슴속 깊이 멍들어가면
뒤돌아보지 않는 새처럼
날개 펴고 앞만 보며 날아 봐요

- 「새처럼 날아 봐요」 부분

이른 봄소식의 전령사인 까만색 튤립꽃
양파 모양의 뿌리가 내리기를
어둠 속에서 갈증을 참으며 기다렸다
내 심장을 섬찟하게 만드는 너는
올해도 까만색 빛나는 꽃을 피워
이른 봄소식 전해 주겠지
갇힌 새들도 연초록 목걸이 내어 걸고

봄노래 부르며 기지개를 펴고

먼 산에 아지랑이 일면

까만색 꽃으로 피어 날 놀라게 하겠지

─「까만색 튤립꽃」 전문

 인용된 시 「새처럼 날아봐요」에서 시인은, 누군가를 사랑하고 또 미워했던 그 세상사의 감정을 이제 '혀 속에 묻어버린 진실'로 치부한다. 이것은 삶에 대한 원숙한 사유(思惟)에 도달하고서야 비로소 가능한 처신이다. 가슴속에 깊이 든 멍 자국이 없을 수 없다. 그런 연유로 '뒤돌아보지 않는 새처럼' 앞만 보며 날아보자고 권유하는 것이다. 까만색 튤립꽃은 다른 튤립이 모두 그러하듯이 '이른 봄소식의 전령사'다. 그런데 굳이 까만색을 고집한 데는, '내 심장을 섬찟하게 만드는' 다른 여러 새로운 만남을 상정하기 때문이다. 그 까만 꽃이 봄노래를 부르며 '나'를 각성하게 한다면, 이 시인이 꽃과 같은 객관적 상관물을 통해 자신을 통어(統御)해 가는 그 의지를 짐작할 수 있다.

5. 기억과 그리움과 내일을 향한 꿈

　7부와 8부의 시 20편에는 오래된 옛날의 기억과 그리움, 그것을 필설(筆舌)로 풀어내고 또 거기서 내일의 꿈을 바라보는 주제들을 볼 수 있다. 그에게 있어 안개는 '밤새도록 흘러내린 눈물'이 '아침 이슬방울'처럼 고인 것이며, 그 인식은 '눈물 끝에 담아둔 사랑'으로 변환된다. 그런가 하면 호수를 향한 발코니 문을 열면 '할머니의 옛이야기'가 그리워진다. 하지만 밤이 지나면 호수에 다시 '아침 햇살'이 희망처럼 솟아오른다. 시인은 이 시간과 그 흐름의 방정식을 통해 삶의 철리(哲理) 익힌다. 바람이 불어서 어디로 가는지 알 수 없듯이 인생은 허무한 것이지만, 그래도 '아름다운 연꽃' 곁에 머물러 '시간을 멈추게' 하고 싶을 만큼 시인은 지금 여기의 삶을 사랑한다.

　　쪽진 머리에 금비녀를 꽂고
　　태평양 바다를 건너오신
　　화사한 이조시대 시모님
　　거울에 비친 짧은 머리에

양장으로 바뀐 단아한 모습

여성미에 깜짝 놀라 미소 짓는다

눈시울 붉히며 흘려보낸

세월의 아쉬움 삭여내며

터질 듯 말 듯 다시 찾은 행복한 시간

- 「뚝배기 속에 담긴 사랑」 부분

황혼이 지는 적막한 밤

가깝고도 먼 그곳

바다 건너 다가오는 산천

작은 렌즈 속에 담긴 추억

밟아 볼 수 없는 땅

아득하기만 한 그곳

- 「나그네의 고향 생각」 부분

  인용된 두 편의 시는 어느결에 시인을 해묵은 추억의 공간으로 인도한다. 그처럼 고색창연한 과거사가 현실에 잇대어져 있기에, 이역만리에서 모국어로 글을 쓰며 살아가는 지금이 의미 깊은 역사성을 갖는다. 밥을 짓는 뚝배기가 그냥 일상의 그릇이 아니다. 그 배면에 태평양을 건너오신 '이조시대 시모님'의 영상이 어려있는 까닭에서다. 그 언저리에 시인이 두고 온 고향도 있다. 한 세상 살다 가는 우리 모두가 나그넷길의 도상(道上)에 서 있는 형국이지만, 나그네의 고향 생각은 언제나 간절하고 절박하다. 시인에게 이 그리움의 도식(圖式)이 절실해지면, 당장에 갈 수 없는 그 산천이 바다 건너 자신에게로 다가오는 환각을 불러온다. 이는 시가 누릴 수 있는 행복 가운데 하나다. 우리는 이를 언어의 시적 허용 또는 일탈, 현실 법칙을 넘어선 진실 법칙이라고 부른다.

6. 생애의 근원과 꺼지지 않는 불꽃

이 시집의 8부에 이르러서도 고향과 어머니를 중심으로 한 삶의 근원이 지속적으로 등장한다. 한편 「철부지 엄마」라는 시를 통해 짐작할 수 있기로는, 시인은 어린 아기를 두고 태평양을 넘어 유학길에 올랐던 듯하다. 어머니를 그리며 아기를 그리며 이국(異國)에서의 생활을 감당해야 했다면 그 가슴의 아픔을 익히 추산(推算)

할 수 있다. 아마도 그러했기에, 시인은 최선을 다해 눈앞의 일에 집중했고 마침내 한국계 미국인의 빛나는 행적을 쌓아왔을 것이다. 그리고 시간이 지나고 세월이 흘렀다. 홍안의 새댁은 이제 원숙한 노년이 되었다. 황혼이 고운 빛으로 소리 없이 회한을 몰고 오면, 시인은 거기서 자신의 모습을 본다.

> 나뭇잎은 만산홍엽이 되고
> 낙조의 슬픔 가슴에 저미며
> 찬란한 불꽃처럼 풀어져 날린다
> 오솔길마다 부석대며 애타는 소리
> 옛사랑을 두고 떠나는
> 공허한 세월에 두 손을 내민다
> 　　　　　　　　　－「만산홍엽」 부분

> 줄도 없이 매달린 둥근 달님
> 환한 그 품속에서
> 고향을 그려 봅니다
> 어쩌면 그렇게
> 순수하고 부드럽게 보이나요

내 마음도 달님처럼 환해집니다

둥근 달을 쳐다보면 모두가 닮아가는 모습

둥글게 둥글게 굴리며 살았으면 좋겠습니다

풍성한 한가위 뜻깊은 추석이 되기를

이국의 한 모퉁이에서

내 마음도 둥글게 굴려봅니다

― 「달님을 향해」 전문

만산홍엽과 낙조는 그저 바라보이는 자연의 그림이 아니다. 시인의 존재 자아가 투영된 복합적인 표현이다. 시인은 여기서 '옛사랑을 두고 떠나는 공허한 세월'을 감각한다. 그렇다고 해서 그가 낙담과 탄식으로 침윤하는 것은 아니다. 만약에 그렇다면 시인이기를 포기했을 터이다. 이 시집의 마지막에 실린 시 「달님을 향해」는, 노년의 허망한 감정을 그가 본연적으로 가꾸어 온 아름다운 기억으로 덮을 수 있다는 확연한 사실을 증명한다. 그 '달님'의 품속에서 고향을 그려보는 일은, 시인이 마주하는 모든 경물(景物)이 소중한 추억을 환기하는 순방향으로 작동하고 있음을 말한다. 타국에서 맞는 추석 명절이 그러할 때 더 귀해 보이는 것이다.

이제까지 우리가 공들여 살펴본 김미미의 시 80편은, 무거운 시적 개념이나 사상을 동원하지 않고, 쉽고 편안한 어투로 자신이 살아온 삶의 경과와 그 감상을 담아냈다. 그리고 거기에 한 생애의 소망을 담은 시적 형상들을 축조해 보였다. 그의 시와 더불어 돌이켜 보니, 인생이란 뭐 그렇게 엄청나고 대단한 것이 아니었다. 우리가 세상에서 일군 업적도 결국은 한순간의 물거품에 지나지 않을 것이다. 이와 같은 보편적인 깨우침을 촉발하는데 김미미 시의 강점이 있다. 어쩌면 그러자고 시가 있는 것인지도 모른다. 여기 이 노(老)시인의 반추(反芻)가 세상살이의 범례가 되고 감동이 되고 보람이 될 때, 그의 시와 삶은 우리가 숨겨둔 존재의 근원을 새롭게 환기하는 촉매제가 된다. 또한 그것은 결곡하고 진실한 인생훈(人生訓)의 꺼지지 않는 불꽃으로 남을 것이다.